2. f... et d... ... en /el

OBSERVATIONS

PRÉSENTÉES PAR LE

DIRECTEUR DE LA SOCIÉTÉ D'ASSURANCES MUTUELLES DE POITIERS

SUR LA

PROPOSITION DE LOI

De M. BOURGEOIS, Député du Jura

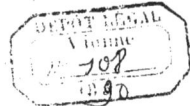

C.

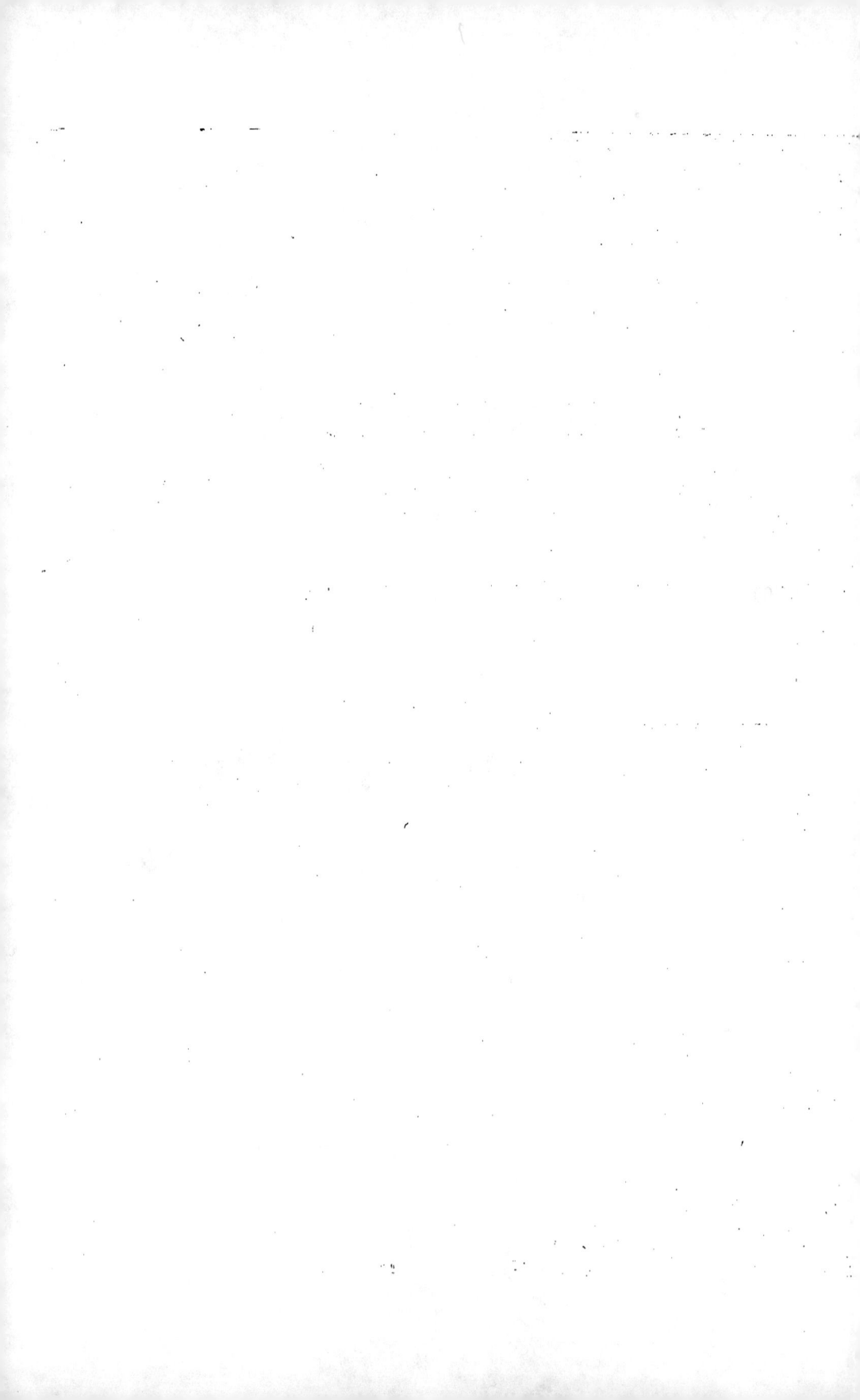

MONSIEUR LE DÉPUTÉ,

Une proposition de loi de M. Bourgeois, député du Jura, ayant pour but de remplacer l'impôt sur la prime d'assurance contre l'incendie, dit taxe d'enregistrement, par un impôt sur la valeur assurée, a été repoussée l'année dernière par la Chambre des Députés, à une très-forte majorité.

Cependant, M. Bourgeois a présenté, dans cette nouvelle législature, une proposition de loi ayant le même objet, et la Chambre en a voté la prise en considération.

Les Sociétés d'assurances Mutuelles ont donc dû se préoccuper de nouveau de ce projet de loi dont l'adoption serait fort préjudiciable à leurs intérêts, c'est-à-dire à l'intérêt de leurs sociétaires, et deux mémoires, à ma connaissance, ont été rédigés pour être soumis à l'examen de la Commission et de la Chambre, l'un par M. Pépin Lehalleur, sous-directeur de la Mutuelle Immobilière de Paris, et l'autre par le Syndicat des Assurances Mutuelles. Ces mémoires ont dû vous être remis.

La Mutuelle de Poitiers, Société qui fonctionne avec succès dans sa région, et dont j'ai l'honneur d'être le Directeur, est une des plus intéressées au rejet de la proposition Bourgeois, en raison de la modicité de ses primes, et c'est à ce titre que je me permets de vous adresser de mon côté quelques observations.

Je me suis attaché surtout à démontrer que le principal argument de M. Bourgeois, qui consiste à dire : « que son système d'impôt dégreverait la classe la plus nombreuse et la plus intéressante, c'est-à-dire la classe pauvre, la classe des cultivateurs, » ne repose pas sur des fondements sérieux.

M. Bourgeois a pris quelques cas et quelques tarifs spéciaux, absolument rares, je crois, et il a été induit en erreur.

Qu'on étudie sérieusement l'ensemble des tarifs des compagnies d'assurances, et on verra qu'il se trompe; en tout cas, cela apparaîtrait d'une façon évidente pour les Sociétés d'Assurances Mutuelles, principalement pour la Mutuelle de Poitiers.

Vous trouverez plus loin, comme annexe à ce travail (*voir* à la fin), une copie de notre tarif statutaire et un tableau d'application de ce tarif, qui vous permettront de voir que les chiffres de nos primes ou cotisations sont bien différents de ceux qui sont indiqués dans l'exposé des motifs de la proposition de loi Bourgeois.

En étudiant ce document, j'espère que vous serez convaincu que la proposition de loi Bourgeois serait onéreuse et injuste pour nos sociétaires, et notamment pour les plus pauvres, « les petits » ; — elle n'aurait en réalité pour résultat que de dégrever trois ou quatre cents meuniers qui font partie de nos assurés, et grèverait d'une façon notable tous nos autres sociétaires au nombre de près de cent six mille, y compris les artisans et les cultivateurs (petits et grands). — Et même, ainsi que vous pourrez le remarquer tout à l'heure par l'étude des tableaux que je vais faire passer sous vos yeux, c'est la petite culture qui aurait le plus à souffrir de cet impôt, tandis que l'aggravation d'impôt serait moins considérable pour la grande. Or, ce n'est pas là le résultat que semblait promettre M. Bourgeois.

Dans les cinq départements qui forment la circonscription de notre Société (Vienne, Vendée, Deux-Sèvres, Charente et Charente-Inférieure), il n'y a point de maisons couvertes en chaume, et sauf quelques petites loges où on met les charrues et instruments aratoires, et qui valent en moyenne cent francs à peine, je puis dire que nous n'assurons pas un seul bâtiment couvert en chaume.

J'ajoute que la presqu'universalité des risques, on peut même dire, je crois, l'universalité de nos risques, se compose de bâtiments construits en pierres ou briques, et couverts en tuiles ou ardoises. — Si notre tarif comprend des bâtiments de construction plus dangereuse, et payant une plus forte prime, c'est pour être complet, mais nous n'en assurons pas, cela est à remarquer et on ne peut argumenter sur des risques qui n'existent pas.

Il y avait une étude à faire pour les risques agricoles en raison des récoltes, et j'ai fait cette étude aussi complète que possible, en examinant et en faisant examiner un nombre énorme de dossiers.

Cet examen m'a permis de me faire une conviction ferme et absolue dont je viens vous faire part, et il en résulte qu'en tenant compte des récoltes assurées au dehors dont la prime est relativement élevée, la moyenne payée par nos paysans (en y comprenant, je le répète, l'assurance de leurs récoltes, tant renfermées que dehors), n'est que de 49 à 50 centimes par mille francs de valeurs assurées, ce qui ne fait pour l'impôt dit taxe d'enregistrement que 5 centimes seulement par mille francs de capitaux assurés, au lieu des 8 ou 10 centimes que leur ferait payer la proposition de loi Bourgeois. L'impôt serait donc aggravé pour eux de moitié.

Je vais de suite au devant d'un argument que pourrait suggérer l'examen de notre tarif à l'article « récoltes ». (Voir Cultivateurs.) Les pailles et grains garantis au dehors et battus à la vapeur paient en effet une prime de 1 fr. 68 par mille francs de valeurs assurées, et on pourrait dire : « Avec la loi actuelle, « cela fait un impôt de 16 centimes par mille francs et, avec le projet de loi Bourgeois, cet impôt serait « réduit à 10 centimes seulement. » Mais ce serait mal raisonner, car les récoltes, et notamment les pailles et grains, ne forment qu'une partie de l'assurance, et pour connaître en définitive l'impôt payé par un assuré, il faut voir l'ensemble du contrat, et calculer sur la prime totale perçue pour l'assurance entière. Tout calcul fait sur un seul article ou un seul risque ne peut amener qu'erreur et confusion, et on ne peut en tirer d'argument sérieux.

En ce qui concerne notre Société, qui n'est composée en grande majorité que de cultivateurs, car notre pays est un pays essentiellement agricole, il résulte des statistiques que j'ai fait établir que nos assurances agricoles peuvent se ramener à cinq ou six types moyens, et je vais les faire passer sous vos yeux. Vous verrez comment sont composées ces assurances, quelle est la prime payée pour chaque risque et pour l'ensemble, et vous connaîtrez ainsi, d'une façon claire et nette, l'impôt qu'elles paient avec la loi actuelle, et l'impôt que leur ferait payer la proposition de loi Bourgeois.

1er Cas (*très-commun dans notre région*). Petit cultivateur propriétaire ayant une assurance de 10.000 fr. dont 3.000 fr. de récoltes moitié renfermées, et moitié au dehors.

L'assurance est généralement ainsi composée, et paie les primes suivantes :

		Primes pour 1.000 fr. de valeurs assurées	Totaux.
Bâtiments	3.000	0.28	0.84
Mobilier personnel	2.000	0.31	0.62
Voitures, charrettes et instruments agricoles	1.000	0.31	0.31
Bestiaux	1.000	0.42	0.42
Grains renfermés	1.500	0.42	0.63
Foins dehors en meules	1.000	1.26	1.26
Pailles dehors en meules	500	1.26	0.63
TOTAL DE L'ASSURANCE	10.000	TOTAL DE LA PRIME.	4.71

Cette prime de 4 fr. 71 comprenant *tous les impôts*, et la taxe sur le revenu (dite d'enregistrement) ne se percevant pas sur le produit de l'impôt lui-même, il y a lieu pour connaître la prime ou revenu imposable à 10 0/0 de déduire d'abord le montant de l'impôt du timbre (3 centimes par mille francs de capitaux assurés), soit 10.000×0.03 c. $= 0.30$ c.,

ci 0.30

RESTE 4.41

dont il faut déduire encore, par le même motif que la taxe ne se perçoit pas sur le produit de la taxe elle-même, $4.41 \times 909091 = 0.40$ c.,

ci 0.40

RESTE 4.01

La prime imposable pour taxe d'enregistrement est donc de 4 fr. 01 c. pour un capital assuré de 10.000 francs. Ce qui fait ($\frac{4.01}{10.000} = 0$ fr. 40 c. °/°°) une prime de 40 centimes par mille francs, c'est-a-dire à 10 °/°, un impôt de *4 centimes par mille francs de capital assuré* au lieu des dix centimes de la proposition de loi Bourgeois.

2e Cas (*bien plus rare*). — Petit cultivateur assurant 10.000 francs, dont 3.000 francs de récoltes, *toutes au dehors*, et dont les grains sont battus par une machine à vapeur.

		Primes par 1.000 fr.	Totaux.
Bâtiments	3.000	0.28	0.84
Mobilier personnel	2.000	0.31	0.62
Voitures, charrettes et instruments agricoles	1.000	0.31	0.31
Bestiaux	1.000	0.42	0.42
Récoltes (grains, pailles et foins dehors; grains battus par la machine à vapeur)	3.000	1.68	5.04
TOTAL DE L'ASSURANCE	10.000	TOTAL DE LA PRIME.	7.23
A reporter			7.23

2

Report...................... 7.23

Cette prime comprenant tous les impôts, il y a lieu de déduire comme ci-dessus, pour ne pas payer l'impôt sur l'impôt lui-même :

1° Pour impôt du timbre (10.000 × 0.03) =................................ 0.30

RESTE...................... 6.93

2° Pour la taxe elle-même (6.93 × 909091) =.......................... 0.63

RESTE...................... 6.30

La prime imposable pour taxe d'enregistrement est donc pour ce deuxième cas de 6 fr. 30 c. pour un capital assuré de 10.000 francs, ce qui fait $\left(\frac{6.30}{10.000} = 0 \text{ fr. } 63 \text{ c. }/_{\circ\circ}\right)$ une prime imposable de 63 centimes par mille francs, c'est-à-dire à 10 %, un impôt de *6 centimes 3 dixièmes par mille francs de capital assuré*, au lieu des 10 centimes de la proposition de loi Bourgeois.

3° Cas : Fermier ayant une assurance de 17.000 francs, dont 7.000 francs de risques locatifs, et 4.000 francs de récoltes *toutes garanties dehors*. (Les bâtiments étant assurés à *La Mutuelle* pour le risque de propriétaire, et la machine à vapeur n'étant pas employée pour le battage des grains.)

		Primes par 1.000 fr.	Totaux.
Bâtiments (risque locatif)........................	7.000	0.06	0.42
Mobilier personnel..............................	2.000	0.31	0.62
Voitures, charrettes et instruments agricoles.........	1.000	0.31	0.31
Bestiaux......................................	3.000	0.42	1.26
Récoltes (toutes garanties au dehors aussi bien que renfermées)................................	4.000	1.26	5.04
TOTAL DE L'ASSURANCE...............	17.000	TOTAL DE LA PRIME	7.65

dont il faut retrancher, ainsi qu'il est expliqué en détail au 1er cas, pour ne pas payer l'impôt sur le produit de l'impôt lui-même :

1° Pour impôt du timbre (17.000 × 0.03 = 0.51), ci........................ 0.51

RESTE...................... 7.14

2° Pour la taxe elle-même (7.14 × 909091 = 0.65), ci...................... 0.65

RESTE...................... 6.49

La prime imposable pour taxe d'enregistrement est donc de 6 fr. 49 c. pour un capital assuré de 17.000 francs, ce qui fait $\left(\frac{6.49}{17.000} = 0 \text{ fr. } 38 \text{ }/_{\circ\circ}\right)$ une prime imposable de 38 centimes par mille francs, c'est-à-dire à 10 % un impôt de *3 centimes 8 dixièmes par mille francs de capital assuré*, au lieu des 10 centimes de la proposition de loi Bourgeois.

4° Cas : Fermier battant ses grains à la machine à vapeur et assurant 26.500 francs, dont 6.000 francs de récoltes et 10.000 francs de risques locatifs (les bâtiments étant assurés à *La Mutuelle* pour le risque de propriétaire).

	Primes par 1.000 fr.	Totaux.
Bâtiments (risque locatif)............................ 10.000	0.07	0.70
Mobilier personnel................................ 4.000	0.31	1.24
Voitures, charrettes et instruments agricoles........ 1.500	0.31	0.47
Bestiaux... 5.000	0.42	2.10
Foins renfermés.................................... 2.000	0.63	1.26
Grains et pailles dedans et dehors, battus par machine à vapeur.................................... 4.000	1.68	6.72
TOTAL DE L'ASSURANCE............ 26.500	TOTAL DE LA PRIME.	12.49

dont il faut retrancher, ainsi qu'il est expliqué en détail au 1er cas, afin de ne pas payer l'impôt sur le produit même de l'impôt.

1° Pour impôt du timbre (26.500 × 0.03) =................................ 0.79

RESTE.. 11.70

2° Pour la taxe elle-même (11.70 × 909091) =.......................... 1.06

RESTE.. 10.64

La prime imposable pour taxe d'enregistrement est donc dans ce quatrième cas de 10 fr. 64 c. pour un capital assuré de 26.500 francs, ce qui fait $\left(\frac{10.64}{26.500} = 0 \text{ fr. } 40 \text{ c. } \%_{\circ}\right.$ une prime imposable de 40 centimes par mille francs, c'est-à-dire à 10 °/₀ un impôt de *4 centimes par mille francs de capital assuré*, au lieu des 10 centimes de la proposition de loi Bourgeois.

5e Cas : Fermier battant ses grains à la machine à vapeur, et assurant 36.000 francs dont 10.000 francs de récoltes au dehors, et 10.000 francs de risques locatifs (les bâtiments *n'étant pas assurés à La Mutuelle* pour le risque de propriétaire).

	Primes par 1.000 fr.	Totaux.
Bâtiments (risque locatif) 10.000	0.26	2.60
Mobilier personnel................................ 4.000	0.31	1.24
Charrettes, voitures et instruments agricoles........ 2.000	0.31	0.62
Bestiaux... 10.000	0.42	4.20
Récoltes (dehors, battage vapeur).................. 10.000	1.68	16.80
TOTAL DE L'ASSURANCE............ 36.000	TOTAL DE LA PRIME.	25.46

dont il faut retrancher, ainsi qu'il est expliqué en détail au 1er cas, l'impôt ne devant pas être perçu sur le produit de l'impôt lui-même.

1° Pour impôt du timbre (36.000 × 0.03 = 1.08), ci............................ 1.08

RESTE.. 24.38

2° Pour la taxe elle-même (24.38 × 909091 = 2.21), ci........................ 2.21

RESTE.. 22.17

La prime imposable pour taxe d'enregistrement est donc, dans ce cas, de 22 fr. 17 c. pour un capital assuré de 36.000 francs, ce qui fait $\left(\frac{22.17}{36.000} = 0 \text{ fr. } 61 \text{ c..} ^\circ/_{\circ\circ}\right)$ une prime imposable de 61 centimes par mille francs, c'est-à-dire à 10 % un impôt de *6 centimes 1 dixième par mille francs de capital assuré*, au lieu des 10 centimes de la proposition de loi Bourgeois.

6ᵉ Cas. — Enfin, si l'on prend le cas le plus commun, puisqu'il s'agit des plus pauvres, le tout petit cultivateur, l'artisan de village, le journalier même qui n'a qu'une assurance de quelques mille francs, la différence est encore plus grande, et il en résulte que ce projet de loi, en ce qui concerne les mutualités, produirait juste l'effet contraire à celui que semble chercher M. Bourgeois.

L'assurance de nos plus pauvres assurés est établie en moyenne de la manière suivante ;

		Primes par 1.000 fr.	Totaux.
Bâtiments..	2.000	0.28	0.56
Mobilier personnel................................	1.000	0.31	0.31
Charrettes et instruments aratoires.............	500	0.31	0.16
Bestiaux...	500	0.42	0.21
Grains renfermés..................................	500	0.42	0.21
Foins dehors......................................	333	1.26	0.42
Pailles dehors....................................	167	1.26	0.21
TOTAL DE L'ASSURANCE........................	5.000	TOTAL DE LA PRIME	2.08

dont il faut retrancher ainsi qu'il est expliqué pour les cas ci-dessus et notamment au premier cas :

1° Pour l'impôt du timbre (5.000 × 0.03 = 0.15) ci........................... 0.15

RESTE...................... 1.93

2° Pour la taxe elle-même (1.93 × 909091 = 0.17) ci....................... 0.17

RESTE...................... 1.76

La prime imposable pour taxe d'enregistrement est donc dans ce dernier cas de 1 fr. 76 pour un capital de 5.000 francs, ce qui fait $\left(\frac{1.76}{5.000} = 0.35 \,^\circ/_{\circ\circ}\right)$ une prime imposable de 35 centimes par mille francs, c'est-à-dire à 10 % un impôt de *3 centimes par mille francs de capital assuré*, au lieu des 10 centimes de la proposition de loi Bourgeois.

EN RÉSUMÉ : Dans le 1ᵉʳ cas, pour un capital assuré de 10.000 francs, la prime imposable à 10 % est de 4.01. Impôt par 1.000 francs. 0.04.

Dans le 2ᵉ cas,	—	10.000	—	—	6.30. —	—	—	0.063.
Dans le 3ᵉ cas,	—	17.000	—	—	6.49. —	—	—	0.038.
Dans le 4ᵉ cas,	—	26.500	—	—	10.64. —	—	—	0.04.
Dans le 5ᵉ cas,	—	36.000	—	—	22.17. —	—	—	0.061.
Dans le 6ᵉ cas,	—	5.000	—	—	1.76. —	—	—	0.035.

TOTAL DES CAPITAUX ASSURÉS 104.500   TOTAL DES PRIMES...... 51.37

Le total des primes imposables pour taxe d'enregistrement est donc pour ces 6 cas de 51 fr. 37 pour un capital assuré de 104.500 francs. Ce qui fait $\left(\frac{51.37}{104.500} = 0.49 \,^\circ/_{\circ\circ}\right)$ une prime moyenne imposable de 49 centimes par mille francs, c'est-à-dire à 10 %, un impôt de *4 centimes 9 dixièmes par mille francs de capital assuré* au lieu des 10 centimes de la proposition de loi Bourgeois.

Et ainsi que je l'avais observé en commençant, vous avez pu remarquer que cette proposition de loi aggraverait l'impôt encore plus pour le petit cultivateur, *pour le pauvre*, que pour le cultivateur plus aisé.

Dans le 6ᵉ cas, en effet (assurance de 5.000 fr.) l'impôt serait triplé, — tandis que dans le 5ᵉ (assurance de 36.000 fr.) il ne serait que d'un peu plus du tiers de l'impôt actuel.

Les conséquences découlent d'elles-mêmes des tableaux que je viens de faire passer sous vos yeux, et qui sont un résumé fidèle de la moyenne de nos contrats d'assurance de la classe laborieuse, celle dont M. Bourgeois croyait prendre l'intérêt, alors qu'au contraire sa proposition de loi en aggraverait lourdement les charges.

Cette loi serait peut-être équitable si on ne l'appliquait qu'aux Compagnies commerciales d'assurances à primes fixes qui cherchent des bénéfices, et font payer à leurs assurés des primes très élevées ; mais elle ne peut l'être si on l'applique aux Sociétés d'assurances mutuelles, qui ne tirent aucun bénéfice de leurs opérations et n'ont en vue que la réparation des dommages causés par l'incendie.

Le législateur ne doit pas, à mon avis, frapper ces Sociétés dont la concurrence est un frein si utile aux Compagnies commerciales d'assurances, alors surtout que seules elles auraient à souffrir de cet impôt, — tandis que les charges des Compagnies à primes fixes n'en seraient pas aggravées, en raison de leurs grosses primes.

L'impôt, en effet, il faut le remarquer, se paie sur les ressources de l'exercice, c'est-à-dire sur les revenus.

Je prends comme exemple un capital assuré de deux milliards.

Ce capital, assuré par une Compagnie à primes fixes, lui produit un revenu qui peut varier de quinze cent mille francs à deux millions, suivant les Compagnies, tandis que le même capital assuré par une Mutuelle ne produit plus qu'un revenu de cinq cent à huit cent mille francs suivant les sociétés.

Peut-il être équitable de faire supporter à ces deux revenus si inégaux un même impôt de 200.000 fr. ? Évidemment non. — Pour la Compagnie à primes fixes, ce sera le dixième de son revenu (il n'y a donc pas de changement pour elle, la loi Bourgeois n'aggrave pas son impôt) ; mais pour une Société d'assurances Mutuelles, c'est une aggravation énorme, puisque, au lieu d'une somme équivalente au dixième de son revenu comme précédemment, on lui demanderait désormais un impôt équivalent au quart, au tiers de ses ressources, et même plus, ainsi que je vais le démontrer.

Voici en effet quelles seraient pour notre Société les conséquences de la proposition Bourgeois :

Le capital assuré par la Mutuelle de Poitiers au 1ᵉʳ janvier 1890 était de 1.724.242.667 fr. et pour ce capital, la Mutuelle demande à ses sociétaires une cotisation totale de 609.152 fr. 11 c., y compris tous les impôts, ci 609.152 fr. 11

Voici quels sont ces impôts en 1890, année courante :

1° Impôt du timbre................	51.727 fr. 28	
2° Taxe d'enregistrement..........	50.674 fr. 99	
Total des impôts, à déduire........	102.402 fr. 27 ci....	102.402 fr. 27
Reste pour revenu de notre capital................		506.749 fr. 84

1.

Cette somme étant produite par un capital assuré de 1.724.242.667 fr. il en résulte que la moyenne de nos cotisations par mille francs de valeurs assurées est de $\left(\frac{506.749\,fr.\,84\,c.}{1.724.242.667}=0\,fr.\,294\right)$ 29 centimes 4 dixièmes, ce qui donne, comme moyenne *générale* de la taxe d'enregistrement payée par nos assurés, 3 centimes environ par mille francs de capital assuré, au lieu des 10 centimes du projet de loi Bourgeois.

Mais prenons les résultats d'ensemble :

Avec la loi actuelle, vous venez de le voir, la Mutuelle paie 102.000 fr. d'impôts, somme égale au cinquième environ de ses revenus ;

Si la proposition de loi Bourgeois était votée, la Mutuelle aurait à payer :

1° Impôt du timbre	1.724.242.667 × 0.03 =	51.727 fr. 28 c.
2° Taxe sur le capital	1.724.242.667 × 0.10 =	172.424 fr. 26 c.
	TOTAL.........	224.151 fr. 54 c.

C'est-à-dire une somme presque équivalente à la moitié de son revenu. *N'est-ce pas excessif ?*

Ainsi :

Impôt avec la proposition de loi Bourgeois..............	224.151 fr. 54 c.
Impôt payé actuellement....	102.402 fr. 27 c.
DIFFÉRENCE..........	121.749 fr. 27 c.

soit une augmentation de plus du double (120 % en chiffres ronds).

Il n'est pas possible que le Parlement puisse voter une loi ayant de semblables conséquences.

Il faudrait pour être juste, ou doubler de même les impôts des compagnies à primes fixes, en remaniant le projet de loi Bourgeois (qui, tel qu'il est, et je l'ai déjà fait observer, n'est pas pour elles une aggravation d'impôt), ou réduire la taxe des Mutuelles à 4 ou 5 centimes seulement, au lieu de dix.

Et remarquez que c'est ce qui a été fait par le législateur de 1884, qui, en revisant la loi de l'impôt du timbre (impôt établi sur le capital assuré), a taxé les compagnies à primes fixes à 4 centimes par mille francs, et les Sociétés d'assurances Mutuelles à 3 centimes seulement.

Le législateur n'a pas fait une différence suffisante à mon avis entre les deux taxes, mais, guidé par l'équité, il a posé le principe, et on ne comprendrait pas qu'un nouvel impôt sur le capital assuré ne fût pas établi sur des bases semblables. Les Mutuelles et les Compagnies à primes fixes ne peuvent être taxées au même chiffre d'impôt sur le même capital, car cela serait de toute injustice, et si on veut remanier l'impôt sur les assurances, et l'établir dorénavant exclusivement sur le capital assuré, il est de toute nécessité de chercher d'abord une proportion qui supprime cette injustice.

Il paraîtrait également logique en ce cas de commencer par supprimer l'impôt actuel du timbre, et d'en établir *un seul* sur le capital assuré, comprenant à la fois le droit de timbre et la taxe d'enregistrement, car autrement on obtiendrait ce résultat singulier d'avoir deux impôts sur le même capital, différents quant à leur quotité, mais identiques quant à leur principe et à leur application.

Tout cela fait bien des difficultés et des changements, et il serait peut-être plus sage de s'en tenir à la loi de 1871 qui a été étudiée avec soin, et qui est déjà sortie triomphante de nombreuses discussions et controverses, parce qu'elle repose sur la véritable équité.

Il est équitable en effet que celui qui par la nature de ses propriétés est plus exposé à l'incendie, et par conséquent fait courir à ses concitoyens un plus grand danger, paie une taxe d'assurance plus forte, et il ne serait pas équitable d'augmenter l'impôt d'assurance de plusieurs millions de citoyens, ce qui serait le résultat de la loi Bourgeois, pour n'arriver à dégrever en définitive que quelques milliers de meuniers et d'industriels.

Veuillez agréer, Monsieur le Député, l'expression de mes sentiments de haute considération.

Le Directeur général de la Mutuelle de Poitiers,

H. DÉSERT.

SOCIÉTÉ D'ASSURANCE MUTUELLE CONTRE L'INCENDIE

POUR LES DÉPARTEMENTS

De la VIENNE, des DEUX-SÈVRES, de la VENDÉE, de la CHARENTE et de la CHARENTE-INFÉRIEURE

TARIF DES VALEURS IMMOBILIÈRES ET MOBILIÈRES

(ART. 18 DES STATUTS AUTORISÉS PAR DÉCRET IMPÉRIAL DU 26 AOUT 1865.)

CLASSES

1re	2e	3e	4e	5e	6e
SANS AUGMENTATION	LE TIERS EN SUS	LES DEUX TIERS EN SUS	LE TRIPLE	SIX FOIS LA VALEUR	DIX FOIS LA VALEUR
Maisons d'habitation ordinaires ; châteaux, etc., en pierres ou briques, couverts en tuiles, ardoises ou métaux, ainsi que les mobiliers personnels renfermés dans ces bâtiments.	Fermes et bâtiments d'exploitation, construits comme les habitations de première classe.	Bâtiments de construction mixte (bois et pierres) couverts comme ceux de la première classe, et les mobiliers personnels qu'ils renferment.	Bâtiments en torchis ou colombage, couverts comme ceux de la première classe, et les mobiliers personnels qu'ils renferment.	Bâtiments construits comme ceux de la première classe, mais couverts en bois ou chaume, et les mobiliers qu'ils renferment.	Bâtiments de construction mixte ou en bois et torchis, couverts en bois ou chaume, et les mobiliers qu'ils renferment.

Les classes sont susceptibles de recevoir une augmentation de classification en raison de la profession exercée dans les bâtiments assurés, et suivant les catégories indiquées ci-après :

CATÉGORIES

1re	2e	3e	4e	5e	6e
1/3 EN SUS (IMMEUBLE) 1/2 EN SUS (MOBILIER)	1/4 EN SUS (IMMEUBLE) 2/3 EN SUS (MOBILIER)	1/3 EN SUS (IMMEUBLE) LE DOUBLE (MOBILIER)	2/3 EN SUS (IMMEUBLE) LE TRIPLE (MOBILIER)	QUATRE FOIS LA VALEUR (IMMEUB. ET MOBIL.)	SIX FOIS LA VALEUR (IMMEUB. ET MOBIL.)
A	A	Armuriers. Aubergistes.	Aciers (fabrique d'). Armes (fabrique d').	A.	
Bouchers. Bourreliers, selliers. Blanchisseurs de toile.	B.	Boisseliers. Bains publics.	Boulangers. Brasseurs. Buandiers.	B.	
Chapeliers non fabricants. Charcutiers. Chaudronniers. Couteliers. Cordonniers.	Cloutiers. Cabaretiers, traiteurs, restaurateurs. Confiseurs sans épicerie.	Carrossiers (sans forge). Charpentiers. Commissionnaires de roulage. Chaises (fabricants de). Corroyeurs. Cafetiers-limonadiers.	Chapeliers (fabricants). Chantiers de bois sans ateliers (près des habitations). Cordiers. Chaufourniers. Charrons. Confiseurs avec épicerie.	Chantiers de bois de construction (avec atelier).	
Décorateurs sur porcelaine.	Doreurs sur métaux.	Draperie, rouennerie, mercerie.	Distillerie d'eau-de-vie de simple vigneron (au double, au-dessus de 2,000 fr.)		
E.	E.	Entrepreneurs de voitures publiques. Étoffes (apprêteurs d').	Ébénistes-menuisiers. Eau-de-vie.	Eau-de-vie des négociants.	

1re 1/5 EN SUS (IMMEUBLE) 1/2 EN SUS (MOBILIER)	2e 1/4 EN SUS (IMMEUBLE) 2/3 EN SUS (MOBILIER)	3e 1/3 EN SUS (IMMEUBLE) LE DOUBLE (MOBILIER)	4e 2/3 EN SUS (IMMEUBLE) LE TRIPLE (MOBILIER)	5e QUATRE FOIS LA VALEUR (IMMEUB. ET MOBIL.)	6e SIX FOIS LA VALEUR (IMMEUB. ET MOBIL.)
Ferblantiers. Fourbisseurs. Fermiers (mobilier personnel).	Fondeurs d'étain, de cuivre, de caractères.	Forgerons. Facteurs de pianos. Fripiers.	Fagots, écorces, coterets et bois analogues (renfermés).	Fagots, écorces, coterets, etc. (au dehors).	Fourrages en meules au dehors. Moulins à vent (en pierres, couverts en tuiles).
Graineliers. Gantiers.	G.	G.	G.	Grains en meules au dehors pendant la moisson.	—
H.	Horlogers, orfèvres.	Halles publiques.	Halles à charbon de terre à l'usage des forges.	Halles à charbon de bois à l'usage des forges.	HUIT FOIS LA VALEUR. Moulins à blé mus par eau (trois paires de meules).
I. J. K. Lampistes fabricants. Liqueurs (marchds de).	I. J. K. Luthiers. Libraires ou relieurs. Lithographes. Laines (marchands de).	Imprimeurs. J. K. Layetiers-emballeurs. Loueurs de voitures. Liquoristes.	I. J. K. L.	I. J. K. L..	(Une fois en plus pour chaque paire de meules de plus). Halles et hangars des tuileries contiguës ou à moins de 5 mètres du four.
Mégissiers. Miroitiers.	Marchands de vin en gros. Meuniers (habitations séparées entièrement de l'usine).	Maréchaux ferrants. Marchands de chevaux.	Magasins de fourrages, de charbons.	Moulins à blé mus par eau, d'une et deux paires de meules.	Moulins à vent couverts en bois. —
N. O. Parfumeurs (non fabricants). Perruquiers. Plombiers. Potiers d'étain.	N. O. Parfumeurs fabricants. Pharmaciens. Poêliers. Peintres (en bâtiments ou voitures).	N. O. Pâtissiers. Plumes (apprêteurs de). Poteries (fabricants de). Postes aux chevaux.	N. O. P.	N. O. P.	DIX FOIS LA VALEUR. Fagots des tuileries et chaufourniers déposés à moins de 30 m. du four. Moulins à tan.
Quincailliers. R.	Q. Rouliers.	Q. Récoltes engrangées, bestiaux.	Q. R.	Q. R.	
Selliers harnacheurs. Tailleurs d'habits.	S. Taillandiers. Tabacs (débitants de). Tisserands.	Serruriers. Teinturiers. Tanneurs, corroyeurs (sans moulins). Tonneliers.	Sabotiers. Tuileries.	S. T.	
U. Vitriers.	U. Vinaigriers. Vétérinaires.	U. Vanniers.	U. V.	U. V.	

RISQUE LOCATIF.	RISQUE DE VOISINAGE
Les 3/4 de la prime, si le propriétaire n'est pas assuré à la société. *Le 5e seulement de la prime, lorsqu'il y a assurance par le propriétaire.*	*1/4 du risque de propriétaire.*

NOTA. — Pour les minoteries ou usines, même prime que pour le risque de propriétaire, si ce risque n'est pas assuré ; dans le cas contraire, la moitié.

Contiguïté. — Dans les usines, tout risque contigu sans communication doit payer au moins la moitié de la prime applicable à ce dernier, lors même que la contiguïté n'a lieu que par les angles.

Pour qu'il y ait contiguïté sans communication, il faut que les risques soient séparés par un mur en pierres, briques ou moellons, sans ouverture et s'élevant jusqu'au faîte.

NOTA. — Les professions, fabriques et risques de toute nature qui ne se trouveraient pas désignés dans le présent tableau seront classés par le conseil d'administration de la Société, et par analogie avec ceux qui y sont portés.

Les catégories, de même que les classes, augmentent la cotisation de chaque Sociétaire en raison du risque plus ou moins grand que font courir à la Société les valeurs qu'il soumet à l'assurance.

La différence qui existe entre les classes et les catégories consiste en ce que les classes ne sont relatives qu'à la construction et à la couverture des bâtiments, tandis que les catégories ont pour objet la profession qui y est exercée et la nature des objets qu'ils renferment.

LA MUTUELLE DE POITIERS

SOCIÉTÉ D'ASSURANCES MUTUELLES, MOBILIÈRES ET IMMOBILIÈRES

CONTRE L'INCENDIE ET LE FEU DU CIEL

Pour les départements de la Vienne, des Deux-Sèvres, de la Vendée, de la Charente et de la Charente-Inférieure

Autorisée par le Gouvernement, par ordonnance royale du 9 septembre 1840,
et par décret impérial du 26 août 1865.

NOTICE

Au 1ᵉʳ janvier 1890, le nombre des contrats souscrits à La Mutuelle de Poitiers depuis son origine a atteint le chiffre de 473 mille, souscrits par 154 mille sociétaires.

En défalquant le nombre des contrats annulés depuis l'origine, et le nombre des sociétaires sortis ou décédés, il restait en vigueur, au 1ᵉʳ janvier 1890, 330 mille contrats appartenant à **106 mille sociétaires**.

Les valeurs comprises à ces contrats s'élèvent, toutes annulations déduites, au chiffre net de **un milliard 724 millions** de valeurs assurées (valeurs réelles des objets soumis à l'assurance), et de **deux milliards 900 millions** de valeurs classées (valeurs converties en raison du risque, aux termes de l'article 18 des statuts, pour déterminer la portion contributive aux charges sociales qui doit être payée par chaque sociétaire).

Dans une société mutuelle où la prime peut varier et alors qu'il serait matériellement impossible d'appliquer, chaque année, un nouveau tarif à chaque contrat, contenant lui-même plusieurs risques différents, on se sert du mécanisme de la classification des valeurs. Ce mécanisme en effet simplifie tous les calculs puisqu'il permet de connaître immédiatement et par une seule opération la somme due par chaque sociétaire pour sa quote-part de contribution aux charges sociales de l'exercice, en multipliant simplement le produit des valeurs classées, établi d'avance sur les contrats, par un même multiplicateur, qui est la prime unique votée, chaque année, par le Conseil d'administration (21 centimes en 1890).

Mais pour que les agents, dans le courant de leur service, puissent répondre immédiatement aux questions posées, et voir d'un rapide coup d'œil quelle est dans notre mutualité la prime de chaque risque, l'Administration a fait dresser, pour l'exercice courant, un **tableau d'application du tarif**, qui, au lieu d'indiquer simplement la multiplication du capital en raison du risque, ainsi que le fait le tarif statutaire, donne immédiatement la prime de chaque risque par mille francs de valeurs réelles assurées.

Ce tableau, valable seulement pour l'exercice 1890, ne comprend que l'ensemble des risques soumis ordinairement à la garantie de la Société. Le reste serait inutile pour l'usage journalier, et en cas d'embarras les agents peuvent toujours s'adresser à l'Administration par la voie hiérarchique.

N. B. — Il est à remarquer que tous les impôts sont compris dans la prime indiquée, **et ne sont pas payés en sus**, tandis qu'il n'en est pas ainsi dans les autres compagnies, où l'impôt se paie presque toujours en sus de la prime. Si nous employions ce procédé, toutes nos primes paraîtraient de suite diminuées de cinq ou six centimes au minimum.

Ces impôts sont en effet fort élevés, puisqu'ils comprennent :

1° *Impôt du timbre* { *pour les Mutuelles : 3 centimes par mille francs de valeurs assurées.*
{ *pour les compagnies à primes fixes : 4 centimes* — —
2° *Taxe d'enregistrement : 10 0|0 sur la cotisation ou prime.*

Dans les Sociétés Mutuelles qui, contrairement à La Mutuelle de Poitiers (et c'est de beaucoup le plus grand nombre), font payer les impôts en sus de la prime portée sur leurs tarifs, il y a une augmentation de ladite prime de cinq centimes environ, rien que pour le 1er risque. (*Pour les Compagnies à primes fixes, cette augmentation est de six centimes 1/2 pour leur 1er risque, dont la prime, inscrite à 25 centimes, se trouve ainsi portée en réalité à 31 centimes 1/2.*) La différence est plus appréciable encore à mesure qu'il s'agit de risques plus élevés, payant des primes plus fortes, et ce, en raison de l'impôt de 10 0/0 sur la prime, qui augmente avec elle.

Il ne faut donc pas oublier de faire ressortir auprès de nos Sociétaires qu'en ce qui concerne La Mutuelle de Poitiers, tous les impôts sont compris dans les primes indiquées au tableau suivant :

Les impôts déduits, notre prime de premier risque ressort à environ 16 centimes par mille francs de valeurs assurées.

La prime moyenne payée par l'ensemble des Sociétaires, en calculant les risques les plus gros, aussi bien que les plus faibles, est de 29 centimes 4 dixièmes par mille francs de valeurs réelles assurées.

APPLICATION DU TARIF

DE

LA MUTUELLE DE POITIERS EN 1890

PAR MILLE FRANCS DE VALEURS RÉELLES ASSURÉES

Tous les impôts compris.

I. — Propriétaires (sans profession).

	fr.	c.
Bâtiments d'habitation construits en pierres, couverts en tuiles ou ardoises	»	21
Servitudes de même construction	»	28
Mobilier personnel des propriétaires	»	21
Voitures et harnais (dedans et dehors)	»	34
Chevaux et bestiaux (dedans et dehors)	»	42
et contre la foudre sans augmentation de prime		
Fourrages renfermés	»	42
Bois de chauffage et d'ouvrage (dedans et dehors)	»	84

II. — Cultivateurs (Risques de propriétaire).

	fr.	c.
Bâtiments construits en pierres et couverts en tuiles ou ardoises	»	28
Bâtiments de même construction lorsque les grains sont battus à la machine à vapeur, et que la machine est placée à moins de 50 mètres des bâtiments	»	33
Mobilier personnel des cultivateurs	»	34
— vin à vendre et fûts	»	34
— aratoire	»	34
— voitures, charrettes et harnais	»	34
— bestiaux (dedans et dehors)	»	42
— et contre la foudre, sans augmentation de prime		
— grains engrangés et dans les greniers	»	42
— fourrages engrangés	»	42
— grains, lorsqu'on veut qu'ils soient garantis également au dehors dans l'épi, à partir de la moisson	»	84
— pailles et fourrages, lorsqu'on veut qu'ils soient garantis également au dehors en meules, près de l'habitation	1	26
— grains et pailles dedans et dehors, lorsqu'ils sont battus par une machine à vapeur	1	68
— fourrages au dehors en meules, lorsque les grains sont battus par une machine à vapeur, à moins de 50 mètres des meules	1	68
— fourrages renfermés lorsque les grains sont battus par une machine à vapeur, placée à moins de 50 mètres des bâtiments qui les renferment	»	63
— bois de chauffage et d'ouvrage (dedans et dehors)	»	84

III. — Risques de voisinage.

	fr.	c.
Sur bâtiments de propriétaires, construits en pierres, couverts en tuiles ou ardoises	»	05
Sur bâtiments d'exploitation de même construction	»	07

Etc., etc., etc., suivant risques et professions, le risque de voisinage payant 1/4 de la prime du risque de propriétaire.

IV. — Risques locatifs.

Les 3/4 de la prime, si le propriétaire n'est pas assuré à la Mutuelle de Poitiers.
Le 1/5 seulement de la prime, lorsqu'il y a assurance par le propriétaire.

EXEMPLES POUR LES RISQUES LOCATIFS DES CULTIVATEURS.

	fr.	c.
Bâtiments construits en pierres et couverts en tuiles ou ardoises, lorsque le risque de propriétaire est assuré également à la Société	»	06

---

	fr.	c.
Les mêmes, si le risque du propriétaire n'est pas garanti par La Mutuelle de Poitiers	»	21
Les mêmes, lorsqu'il y a battage des grains par machine à vapeur à moins de 50 mètres, et que La Mutuelle assure le risque de propriétaire	»	07
Les mêmes, lorsque le risque de propriétaire n'est pas garanti par la Société	»	26

NOTA. — Pour les minoteries ou usines, même prix que pour le risque de propriétaire, si ce risque n'est pas assuré; dans le cas contraire, la moitié.

V. — Divers risques de bâtiments.

	fr.	c.
Bâtiments de construction mixte (bois et pierres) couverts en tuiles ou ardoises, et les mobiliers personnels qu'ils renferment	»	35
— bâtiments en torchis ou colombage, couverts en tuiles ou ardoises, et les mobiliers personnels qu'ils renferment	»	63
— bâtiments construits en pierres, mais couverts en bois ou chaume et les mobiliers qu'ils renferment	1	26
— bâtiments de construction mixte en bois et torchis couverts en bois ou chaume, et les mobiliers qu'ils renferment	2	10
— loges en bois et pailles	2	10

VI. — Moulins.

	fr.	c.
Moulins à eau construits en pierres, couverts en tuiles ou ardoises à une et deux paires de meules, et le mobilier qu'ils contiennent	»	84
— moulins à 3 paires de meules, et le mobilier qu'ils contiennent	1	68
— moulins à 4 paires de meules et le mobilier qu'ils contiennent	1	89
— moulins à 5 paires de meules et le mobilier qu'ils renferment	2	10
N. B. — On n'en assure pas au-dessus.		
— moulins à vent en pierres, couverts en tuiles	1	26
— moulins à vent en pierres, couverts en bois	1	68

Contiguïté. — Dans les usines, tout risque contigu sans communication doit payer au moins la moitié de la prime applicable à ce dernier, lors même que la contiguïté n'a lieu que par les angles.

Pour qu'il y ait contiguïté sans communication, il faut que les risques soient séparés par un mur en pierres, briques ou moellons, sans ouvertures et s'élevant jusqu'au faîte.

Les bâtiments contigus et y communiquant d'une manière quelconque (portes ou fenêtre), ainsi que les mobiliers qu'ils renferment, sont classés comme l'usine elle-même.

VII. — Professions principales par ordre alphabétique.

		fr.	c.
ARMURIERS, AU- BERGISTES	Bâtiments	»	28
	Mobiliers personnels et marchandises	»	42
	Le reste comme les cultivateurs.		
BOUCHERS, BOURRELIERS (selliers-harnacheurs)	Bâtiments	»	25
	Mobiliers personnels	»	31
	Marchandises	»	42

		fr. c.
BOULANGERS, BRASSEURS, BUANDIERS	Bâtiments.............	» 35
	Mobiliers personnels....	» 63
	Marchandises..........	» 63
CABARETIERS (traiteurs-restaurateurs), CLOUTIERS	Bâtiments.............	» 26
	Mobiliers personnels....	» 35
	Marchandises..........	» 42
CHAPELIERS (non fabricants). COIFFEURS-PARFUMEURS (non fabricants), CHARCUTIERS, CHAUDRONNIERS, COUTELIERS, CORDONNIERS	Bâtiments.............	» 25
	Mobiliers personnels....	» 34
	Marchandises..........	» 42
CHARPENTIERS, CORROYEURS, CAFETIERS-LIMONADIERS, CHAISES ET CERCLES (fabricants de)	Bâtiments.............	» 28
	Mobiliers personnels et marchandises.........	» 42
CHAPELIERS (fabricants), CORDIERS, CONFISEURS, CHARRONS, CARROSSIERS, CHAUFOURNIERS (voir Tuileries)...	Bâtiments.............	» 35
	Mobiliers personnels et marchandises.........	» 63
CHANTIERS DE BOIS DE CONSTRUCTION (avec ateliers)...	Bâtiments............. / Mobiliers et bois.....	» 84
DISTILLATEURS (simples vignerons ou bouilleurs de crû)	Bâtiments (au-dessous de 2.000 fr.)	» 35
	Bâtiments (au-dessus de 2.000 fr.)	» 42
	Chaudières, eaux-de-vie et fûts, et tous mobiliers de chai........	» 63
DISTILLATEURS (négociants en eau-de-vie)	Bâtiments, mobiliers, chaudières, eaux-de-vie et fûts, etc.........	» 84
ENTREPRENEURS DE VOITURES PUBLIQUES, ETOFFES (apprêteurs d')	Bâtiments.............	» 28
	Mobiliers et marchandises............	» 42
EPICIERS, EBÉNISTES-MENUISIERS, ETOFFES (fabricants d')	Bâtiments.............	» 35
	Mobiliers et marchandises............	» 63
FERBLANTIERS (plombiers, quincailliers, zingueurs, lampistes, fabricants)	Bâtiments.............	» 25
	Mobiliers personnels....	» 34
	Marchandises..........	» 42
FORGERONS, FRIPIERS, FILTOUPIERS, FACTEURS DE PIANOS	Bâtiments.............	» 28
	Mobiliers et marchandises............	» 42
GRAINETIERS, GANTIERS	Bâtiments.............	» 25
	Mobiliers personnels....	» 34
	Marchandises..........	» 42
HORLOGERS-ORFÈVRES	Bâtiments.............	» 26
	Mobiliers personnels....	» 35
	Marchandises..........	» 42
HALLES PUBLIQUES	Bâtiments.............	» 28
	Mobiliers et marchandises............	» 42
HALLES A CHARBON DE TERRE A L'USAGE DES FORGES	Bâtiments.............	» 35
	Mobiliers et marchandises............	» 63
HALLES A CHARBON DE BOIS A L'USAGE DES FORGES	Bâtiments............. / Mobiliers et marchandises............	» 84
IMPRIMEURS	Bâtiments.............	» 28
	Mobiliers et marchandises............	» 42
LUTHIERS, LITHOGRAPHES, LIBRAIRES OU RELIEURS	Bâtiments.............	» 26
	Mobiliers personnels....	» 35
	Marchandises..........	» 42
LAYETIERS-EMBALLEURS, LOUEURS DE VOITURES, LIQUORISTES	Bâtiments.............	» 28
	Mobiliers et marchandises............	» 42

		fr. c.
MÉGISSIERS, MIROITIERS	Bâtiments.............	» 25
	Mobiliers personnels....	» 34
	Marchandises..........	» 42
MARCHANDS DE LAINES, MARCHANDS DE VINS EN GROS, MEUNIERS (Habitations entièrement séparées de l'usine)	Bâtiments.............	» 26
	Mobiliers personnels....	» 35
	Marchandises..........	» 42
MARÉCHAUX-FERRANTS, MARCHANDS MERCIERS, MARCHANDS DRAPIERS, MARCHANDS DE BOURELLERIE, MARCHANDS DE CHEVAUX, MARCHANDS DE CHIFFONS, MARCHANDS DES VILLAGES (sans pétrole)	Bâtiments.............	» 28
	Mobiliers et marchandises	» 42
MAGASIN DE FOURRAGES, DE BOIS, DE CHARBONS, MENUISIERS	Bâtiments.............	» 35
	Mobiliers et marchandises	» 63
PARFUMEURS (Fabricants), PHARMACIENS, POELIERS, PEINTRES EN BATIMENTS OU VOITURES	Bâtiments.............	» 26
	Mobiliers personnels....	» 35
	Marchandises..........	» 42
PATISSIERS, PLUMES (Apprêteurs de), POTERIES (Fabricants de)	Bâtiments.............	» 28
	Mobiliers et marchandises	» 42
PLATRIERS (avec four), POTERIES (avec four et marchandises)	Bâtiments.............	» 35
	Mobiliers et marchandises	» 63
ROULIERS, RESTAURATEURS	Bâtiments.............	» 26
	Mobiliers personnels....	» 35
	Marchandises..........	» 42
SERRURIERS	Bâtiments.............	» 28
	Mobiliers et marchandises	» 42
SABOTIERS	Bâtiments.............	» 35
	Mobiliers et marchandises	» 63
TAILLEURS D'HABITS	Bâtiments.............	» 25
	Mobiliers personnels....	» 34
	Marchandises..........	» 42
TAILLANDIERS, TISSERANDS, TABACS (Débitants de)	Bâtiments.............	» 26
	Mobiliers personnels....	» 35
	Marchandises..........	» 42
TEINTURIERS, TONNELLIERS, TÉLÉGRAPHES, TANNEURS-CORROYEURS (sans moulin)	Bâtiments.............	» 28
	Mobiliers et marchandises	» 42
TUILERIES	Bâtiments d'habitation et servitudes autres que le four, les halles et hangars à tuiles	» 35
	Mobiliers et marchandises	» 63
	Halles et hangars des tuileries contigus ou à moins de 5 mètres du four	1 68
	Fagots des tuiliers et chaufourniers déposés à moins de 30 mètres du four	2 10
VITRIERS	Bâtiments.............	» 28
	Mobiliers personnels....	» 34
	Marchandises..........	» 42
VINAIGRIERS, VÉTÉRINAIRES	Bâtiments.............	» 26
	Mobiliers personnels....	» 35
	Marchandises..........	» 42
VANNIERS	Bâtiments.............	» 28
	Mobiliers et marchandises	» 42

8644.— Poitiers, Imprimerie BLAIS, ROY et Cie, 7, rue Victor-Hugo.